LE
Souvenir Français

SOCIÉTÉ NATIONALE

POUR L'ENTRETIEN DES TOMBES DES MILITAIRES ET MARINS

MORTS POUR LA PATRIE

CONFÉRENCE

Faite le 12 février 1893, dans la grande salle de l'hôtel de ville
de Rouen

Par M. A. SARRAZIN

Avocat à la Cour d'Appel

SOUS LA PRÉSIDENCE DE M. LEBON, DÉPUTÉ

ROUEN

IMPRIMERIE DE ESPÉRANCE CAGNIARD

Rues Jeanne-Darc, 88, et des Basnage, 5

—

1893

LE

Souvenir Français

SOCIÉTÉ NATIONALE

POUR L'ENTRETIEN DES TOMBES DES MILITAIRES ET MARINS
MORTS POUR LA PATRIE

————— +++ —————

CONFÉRENCE

Faite le 12 février 1893, dans la grande salle de l'hôtel de ville
de Rouen

Par M. A. SARRAZIN

Avocat à la Cour d'Appel

SOUS LA PRÉSIDENCE DE M. LEBON, DÉPUTÉ

——————⚬⚬◇◇⚬⚬——————

ROUEN

IMPRIMERIE DE ESPÉRANCE CAGNIARD

Rues Jeanne-Darc, 88, et des Basnage, 5

—

1893

LE SOUVENIR FRANÇAIS

La réunion solennelle, organisée à Rouen par M. le commandant Le Blond, délégué du *Souvenir Français*, a eu lieu le dimanche 12 février 1893, dans la grande salle de l'hôtel de ville, trop étroite pour contenir l'affluence des auditeurs qui se pressaient jusque dans les couloirs et dans le grand vestibule.

A deux heures précises, les autorités ont fait leur entrée entre les rangs de la Société de gymnastique *l'Avant-Garde* et aux accents de *la Marseillaise*, jouée par l'excellente musique du 39e de ligne qui, sous la direction de son chef, M. Grossin, prêtait son concours à la séance.

La réunion était présidée par M. Lebon, député. Près de lui avaient pris place au bureau : M. Hendlé, préfet de la Seine-Inférieure; M. Leteurtre, maire de Rouen; M. Laurent, adjoint et président d'honneur de la Ligue patriotique rouennaise; M. le colonel Ramotowski, du 12e chasseurs, représentant M. le général du Guiny, commandant le 3e corps d'armée; M. le colonel Tulle, commandant le 21e territorial; M. Niessen, fondateur et secrétaire général du *Souvenir Français;* M. E. Buisson, président de la *Ligue patriotique* ; M. l'abbé Loth, curé de Saint-Maclou, ancien aumônier militaire, délégué par S. E. le cardinal Thomas.

Sur l'estrade avaient pris place les présidents et représentants des Sociétés patriotiques et humanitaires qui, toutes, avaient répondu à l'invitation qui leur avait été adressée; les notabilités de la ville et des officiers de tous les corps de la garnison, parmi lesquels : la délégation du 12ᵉ chasseurs; M. le commandant de Lamothe; M. le capitaine Perier; M. le lieutenant d'Hauteroche, et de nombreux sous-officiers.

On remarquait, en outre, derrière le bureau, MM. Levillain, adjoint; Guernet et Longuet-Gally. conseillers municipaux; Knieder, conseiller général, président de l'Association des Alsaciens-Lorrains; de Bagneux, conseiller général, président de la Société du 50ᵉ mobiles; Rollet et Benner, conseillers d'arrondissement; Moncany, vice-consul de la Russie; Loisel, Peulvé, Duval, Carliez, Debœuf, Lanier, etc., du bureau de la *Ligue patriotique Rouennaise* ; Lefebvre, président des Anciens combattants de 1870-71 ; Couturier, président des Anciens militaires coloniaux; S. Bouvart, président des Anciens militaires et marins vétérans; G. Gravier, secrétaire général de la Société normande de géographie; Doaré, président de la Société de gymnastique la Rouennaise; Louvet, président de la Société de gymnastique l'Avant-Garde;

Paris, président des Sauveteurs hospitaliers de Rouen ; Lemercier, Courtonne et Ridel, du bureau de la Ligue de l'Enseignement ; les délégués de la *Croix-Rouge* et de l'Union des femmes de France, des Sociétés de tir, des Sauveteurs hospitaliers bretons ; MM. Dubésy, délégué du Souvenir Français, au Havre ; Wal, délégué à Dieppe ; Bessonneaud, délégué à Elbeuf ; Delahaye, délégué à Saint-Valery, etc., etc.

M. le commandant Le Blond avait, en outre, reçu des lettres d'excuses accompagnées des sentiments les plus sympathiques pour l'Œuvre de : MM. Waddington, sénateur ; Ricard, député de Rouen, ancien garde des sceaux ; le général Blondel, à Saint-Jean-de-la-Neuville ; G. Letellier, conseiller général ; Roberty, président du Consistoire de l'Eglise réformée ; Blanchet, etc.

M. le député Lebon déclare la séance ouverte et donne la parole à M. Sarrazin, qui s'exprime en ces termes :

MESDAMES, MESSIEURS,

I

C'est une belle et noble mission que je viens remplir aujourd'hui, sous les auspices de la *Ligue patriotique rouennaise,* en vous présentant cette Société, si pré-

6

cieuse entre toutes, qu'on appelle le *Souvenir Français*, et en venant solliciter pour elle le droit de cité.

Je considérais déjà comme un grand honneur l'invitation qui m'avait été adressée, à cet effet, par le Comité central de Paris, mais en présence d'une manifestation si imposante, je me plais à y trouver comme une douce récompense de l'adhésion de la première heure et du concours que j'ai donnés, à l'exemple de notre honorable président, aux œuvres philanthropiques et patriotiques qui sont nées et se sont développées si brillamment à Rouen depuis une quinzaine d'années.

C'est en m'inspirant de ce double sentiment que je suis heureux de me faire l'interprète de cette phalange de citoyens au cœur généreux qui ont fondé le *Souvenir Français*. Ils ont voulu, sans doute, assurer partout le respect dû extérieurement aux tombes de tant de héros obscurs qui dorment leur dernier sommeil sous ce sol français qu'ils ont arrosé de leur sang; mais ils ont eu principalement en vue de sauver leur mémoire de l'impitoyable oubli et de léguer aux générations futures l'exemple de leur sacrifice suprême.

Ils ont institué ainsi, à mon sens, un véritable culte national : le culte dû à ceux qui sont morts pour la patrie.

Ils ont fait passer, du domaine de la poésie dans celui de la réalité pratique, les sentiments qui ont suggéré à notre poète immortel, Victor Hugo, les beaux vers que nous aimons à redire dans nos manifestations patriotiques :

« Ceux qui pieusement sont morts pour la patrie
Ont droit qu'à leur tombeau la foule vienne et prie.
Entre les plus beaux noms, leur nom est le plus beau ;
Toute gloire, près d'eux, passe et tombe éphémère,
Et comme ferait une mère,
La voix d'un peuple entier les berce en leur tombeau ! »

Ces pensées élevées, qui inspiraient si magnifiquement le grand poète, sont, en réalité, tout le programme de la Société que je viens vous faire connaître et, je l'espère, vous faire aimer. Il me semble déjà que ma mission, à ce point de vue, est bien simplifiée et que je vais au-devant d'un résultat déjà acquis. J'en trouve la preuve dans ce concours extraordinaire de la population et dans les chaleureux applaudissements qui viennent d'accueillir mes premières paroles.

Aussi, est-ce avec une légitime fierté et avec une profonde gratitude que la *Ligue patriotique rouennaise* et le *Souvenir Français* saluent ici M. le Préfet de la Seine-Inférieure, ce magistrat éminent dont la longue et habile administration aura été si utile et si féconde en heureux résultats pour notre beau département. Nos Sociétés n'ont jamais en vain fait appel à son infatigable dévouement, et nous aimons à rappeler que nous l'avons vu naguère considérer comme un honneur de se mettre lui-même à la tête de notre pèlerinage patriotique annuel à Moulineaux.

Nous adressons l'expression des mêmes sentiments au digne chef de la municipalité rouennaise qui toujours s'est associé à nos fêtes patriotiques, partout où un hommage était à rendre aux victimes du devoir, au cimetière monumental, à Moulineaux, etc., et qui, naguère aussi, remettait dans cette même salle, au président de la nouvelle Société des Combattants de 1870-1871, le drapeau autour duquel se sont groupés les survivants de la campagne néfaste. Beaucoup parmi nous se rappellent encore les belles paroles qu'il prononça alors en parlant hautement de ce à quoi nous nous bornions jadis à penser, — nous, les anciens ligueurs, suivant le conseil du grand patriote Gambetta, — de nos espérances pour l'avenir et de notre confiance en notre chère armée nationale.

Cette armée, nous sommes heureux aussi d'en saluer ici les nobles représentants, car, il faut le dire, en cette fin de siècle si troublée, l'armée devient de plus en plus la chose sainte, respectée, intangible, le suprême espoir de la patrie toujours en deuil mais fièrement reconstituée et frémissante de patriotisme, après vingt-deux années de travaux et d'efforts constants qui sont son honneur comme ils sont l'honneur et la gloire de notre gouvernement national.

Enfin, c'est avec bonheur que nous distinguons ici,

avec les notabilités civiles, militaires et ecclésiastiques, tous les présidents et délégués des Sociétés sœurs ou amies dont le concours ne nous a jamais fait défaut et qui, comme la *Ligue patriotique rouennaise,* donnent en ce jour un bel exemple·de la solidarité qui doit unir étroitement toutes les œuvres patriotiques.

Devant une pareille manifestation, il me semble que j'aurai moins à provoquer, en faveur du *Souvenir Français,* des sympathies déjà nées et déjà vivaces, qu'à les justifier et à en accentuer davantage encore la manifestation en vous faisant connaître brièvement ses origines, son but, les résultats brillants qu'elle a déjà obtenus et le champ d'action qui lui est réservé dans notre région.

II

C'est en 1887, qu'un homme généreux et vaillant entre tous, M. Niessen, que nous aurons la bonne fortune d'entendre dans quelques instants, jeta les bases de la nouvelle Association.

L'idée qu'il émit était si belle, elle répondait à des sentiments si profonds, elle tendait à un but si évidemment utile, qu'elle s'imposa immédiatement et groupa les intelligences les plus distinguées, les personnalités les plus marquantes.

La nouvelle ligue prit un titre modeste et touchant qui la définit éloquemment. Elle s'appela : « *le Souvenir Français,* société nationale pour l'entretien des tombes des militaires et marins français morts pour la patrie. »

Elle fut autorisée par arrêté ministériel du 29 août 1887.

Son siège social fut établi au Cercle militaire, avenue de l'Opéra, à Paris.

La composition de son Conseil d'administration dénote la sollicitude que lui porta immédiatement le gouvernement de la République et la grande faveur qui lui vint de tous les côtés.

Nous y voyons figurer, comme présidents d'honneur : les ministres de la Guerre, de la Marine, de l'Intérieur, des Affaires Étrangères, de l'Instruction publique et des Beaux-Arts.

Les membres d'honneur du Conseil sont : M. le Grand Chancelier de la Légion d'honneur et M. le Président du Cercle militaire.

Le Conseil honoraire a pour président : M. le général Fournier, et pour vice-présidents : MM. le vice-amiral Périgot et Mézières, membre de l'Académie française, député de Meurthe-et-Moselle.

Le Bureau, pour les années 1887 et 1889, a été composé ainsi :

MM.

Président........ le général Lewal;
Vice-Présidents.. le contre-amiral Brossolet, le
général Cosseron de Villenoisy;
Secrétaire général Niessen;
Trésorier........ le commandant Baude.

En 1892, M. le général Cosseron de Villenoisy a été
nommé président, en remplacement du regretté général
Lewal, et M. Philippoteaux, ancien maire de Sedan et
ancien vice-président de la Chambre, a remplacé,
comme vice-président, M. le contre-amiral Brossolet.

Les statuts, qui ont été élaborés en 1887, divisent
les adhérents en membres d'*honneur*, nommés par le
Conseil pour services extraordinaires rendus à l'œuvre;
en membres *sociétaires* versant une cotisation de 3 fr.,
et en membres *donateurs* qui versent une somme
minimum de 100 fr. dispensant de la cotisation
annuelle.

Suivant décision du Ministre de la guerre, en date
du 30 août 1889, MM. les Officiers sont autorisés à
faire partie de la Société.

La Société a pour objet : 1° d'entretenir, en France
et à l'étranger, les tombes des militaires et marins
français, morts pour la patrie, et de veiller à leur conservation, sans toutefois mêler son action aux *rapports
officiels* qui sont établis entre la France et l'Allemagne,

en conséquence des stipulations du traité de Francfort, spéciales à l'entretien des tombes élevées sur les territoires des deux Etats, aux militaires morts pendant la guerre de 1870-71; 2° de conserver la mémoire de ceux qui ont honoré leur patrie par de belles actions.

La Société n'est l'œuvre d'aucun parti et interdit formellement dans son sein toute discussion politique ou religieuse. Elle établit des Comités et des sous Comités en France, dans tous les départements, et à l'étranger, où elle le juge utile. Elle est régie par un Conseil d'administration composé de trente membres, nommés au scrutin en assemblée générale et élus pour trois ans.

Le Conseil statue sur les affaires de la Société, nomme des correspondants, nomme et révoque les employés salariés, dirige et surveille la rédaction du *Bulletin* de la Société.

Le fonds social se compose des cotisations annuelles des sociétaires, des dons annuels et subventions et recettes de toute nature, faits au profit de la Société et acceptés par elle avec l'approbation de l'autorité compétente.

En cas de dissolution, le reliquat en caisse serait versé aux Ministères de la guerre et de la marine.

La situation financière que j'ai sous les yeux indique l'importance qu'a pris, en quelques années, le *Souvenir Français*, dont l'encaisse, au 30 juin 1892, dépassait 32 000 fr., et dont l'avoir, à cette époque, déduction faite des dépenses, restait supérieur à 22,000 fr.

Ces chiffres démontrent éloquemment que les fondateurs de notre ligue nationale n'étaient pas restés inactifs. Ils s'étaient mis à l'œuvre avec ardeur dès la première année. Bientôt de nombreux Comités de province étaient organisés. Le nombre en est actuellement si considérable que je ne puis les énumérer. On peut dire qu'aujourd'hui l'œuvre rayonne dans toute la France.

Parmi les Comités qui fonctionnent dans notre région normande, j'ai noté ceux du Havre, de Dieppe, d'Elbeuf, de Saint-Valery-en-Caux, d'Evreux, des Andelys.

A mesure que les Comités de province s'organisaient ils tenaient leurs assises et groupaient de nombreux adhérents. On se fera une idée de l'accueil chaleureux qui leur fut fait, notamment dans les grandes villes du Midi, par ce qui s'est passé à Bordeaux et à Marseille, pour ne citer que ces deux exemples parmi tant d'autres.

A Bordeaux, l'œuvre fonctionne sous le patronage du commandant du 18e corps, du premier président, de l'archevêque et du préfet de la Gironde.

M. Jules Simon l'a soutenue de sa haute autorité. Dans une réunion solennelle, tenue au Grand-Théâtre, le 7 novembre 1891, il s'exprimait ainsi :

« · C'est une Société modeste qui s'est donné pour mission d'honorer les héros obscurs et les martyrs inconnus. Partout où des Français sont morts pour la Patrie, elle arrive modestement, simplement, comme une famille qui remplit un pieux devoir. Elle ne songe pas à élever des statues et des monuments superbes : elle pense à une tombe et à une inscription ; elle appelle cela le *Souvenir Français*, et je dis qu'il n'y a pas d'acte qui soit plus français que celui-là, et de Société qui rende plus modestement un service plus patriotique. » Ce simple et bel éloge a provoqué des milliers d'adhésions.

A. Marseille, nous trouvons, à la tête du Comité, M. le général de Colomb, ancien commandant du 15e corps, et M. Cyprien Fabre, président de la Chambre de commerce, pour ne citer que les principaux. D'autre part, M. Francisque Sarcey, l'éminent chroniqueur parisien, a consacré à l'œuvre quelques pages élevées dans le *Petit Marseillais*, et, en moins de dix-huit mois, quinze cents adhérents réunissaient une somme de plus de 10,000 fr. Peu après, M. Léo Delibes, agrégé de l'Université, dans une réunion publique, présidée par M. Cyprien Fabre, résumait éloquemment les travaux de la Société au 1er janvier 1891. Il signalait l'inauguration solennelle du beau monument de Mars-la-Tour, où M. Mézières, député de la Lorraine, membre de l'Académie française, s'est

fait entendre .devant 30,000 auditeurs et au milieu
d'un enthousiasme indescriptible. Il énumérait également
ment les monuments commémoratifs de Thiais, de
Montigny-le-Gannelon, de Brives, du Creuzot. Il citait
encore hors de France, en Suisse; sur cette terre si
hospitalière aux jours de nos désastres, les mausolées.
élevés dans les cimetières de Bieré, d'Yverdon et de
Genève.

III

• Cette énumération sommaire est loin de comprendre
tous les travaux exécutés par le *Souvenir Français*
depuis sa fondation. Partout, en effet, il a relevé les
tombes abandonnées, réparé les monuments en ruines,
subventionné les municipalités où les Sociétés locales.

Son nom est associé aux belles manifestations de
l'Hay, de Villejuif, de Castillon, de Sedan, de Stonne,
de Châlons-sur-Marne, de Parque (Côte-d'Or), de
Bonnétable (Sarthe), de Lenales (Vosges), de Males-
herbes et d'Artenay (Loiret), de Longwy (Meurthe-et-
Moselle), etc., etc. A Fréteval (Eure-et-Loir), c'est
M. le Ministre de la marine qui va rendre un éclatant
hommage à la mémoire des marins tués dans un
combat meurtrier en 1870.

La Société n'oublie pas nos braves coloniaux décédés
loin de la mère patrie et de leurs familles et, par ses

soins, sont élevés les monuments de Sousse et de Kairouan (Tunisie).

Enfin, récemment, elle s'associait à l'érection d'un monument avec caveau destiné à la sépulture des soldats de la garnison du Creuzot. Cette œuvre nouvelle des *tombes de garnison,* due à l'initiative du Conseil municipal de cette ville, suggérait à M. le chef de bataillon Porthmann les réflexions suivantes :

« N'avez-vous pas été frappés, en considérant ce que j'appellerai volontiers la philosophie de la vie militaire, de la différence qui existe entre le sort réservé à deux soldats dont l'un meurt à la guerre sur le champ de bataille et dont l'autre décède obscurément à la caserne?

» Le premier tombe sous l'œil de ses camarades et de ses chefs, souriant aux plis du drapeau qu'il a défendu et pour lequel il meurt; il sait que son nom, glorieusement inscrit aux annales du régiment, survivra, et que sa famille, s'il en laisse une, sera désormais à l'abri du besoin.

» L'autre succombe à la caserne, bien des fois triste et seul, au cours d'une maladie dont il a contracté souvent les germes dans les modestes et pénibles labeurs d'un service journalier.

» Tous deux ne meurent-ils pas pour la patrie et dans l'entier accomplissement de leurs devoirs de soldat?

» Semble-t-il, dès lors, bien juste de refuser à l'obscure victime du devoir quotidien ces suprêmes honneurs que l'on décerne au camarade tombé sur les champs de bataille ?

» Semble-t-il bien juste que le premier ait, parmi ses compagnons d'armes, une place, un monument funèbre qui permettront aux siens de le retrouver ou qui, du moins, apporteront à leur douleur la suprême consolation de savoir où le pleurer et d'être rassurés sur l'état d'entretien de sa tombe ; tandis que sur la fosse banale et bien vite abandonnée, où l'autre aura été jeté, il ne demeurera bientôt plus aucun signe qui permette de rechercher ses restes ?

» Cette pensée, vous l'avez comprise, vous qui avez bien voulu affecter au bataillon ce coin de terre où désormais nos morts pourront dormir en paix, protégés contre l'oubli ; vous, Messieurs les Membres de la Société du Souvenir Français, qui n'avez pas craint d'élargir vos institutions actuelles, en accordant aux soldats décédés dans la caserne la sépulture que vous réserviez jusqu'ici à ceux tombés sur les champs de bataille. »

Ces paroles résument très justement la haute portée de la décision du Conseil municipal du Creusot. L'exemple donné par cette ville a déjà porté ses fruits. Je crois savoir que plusieurs municipalités de la région de l'Ouest étudient des projets en ce sens, et je fais des

vœux pour que plus tard aussi la ville de Rouen puisse avoir sa tombe de garnison.

J'arrive maintenant à l'une des dernières manifestations patriotiques qu'a provoquées le Souvenir Français : je veux parler du monument qu'il a fait élever dans le cimetière de Niederbronn à la mémoire du maréchal des logis Pagnier, du 12e chasseurs.

Pagnier a été la première victime de la guerre de 1870.

Vous me permettrez de retenir un instant votre attention sur ce premier épisode de la campagne, parceque ce récit appartient, pour ainsi dire, à notre histoire locale, et parceque Pagnier a été l'un des vaillants enfants de ce vaillant régiment que la population rouennaise affectionne depuis de si longues années.

C'était au lendemain de la déclaration de la guerre.

Le 1er corps se formait vers Strasbourg.

Le maréchal de Mac-Mahon venait d'arriver d'Algérie, escorté par ses vaillants turcos, dont on n'avait pas voulu le séparer et qui devaient, quelques jours après, se faire hacher héroïquement à Wissembourg où 4,800 français furent écrasés par 80,000 allemands stupéfaits et émerveillés de leur bravoure.

Le pont sur le Rhin avait été coupé du côté des allemands et ses débris gisaient dans les eaux savonneuses du fleuve.

On entendait dans le lointain des bruissements sourds.

Le sol d'Alsace n'avait pas encore été envahi, mais on sentait que l'attaque allait bientôt commencer.

Honneur à ceux qui porteront les premiers coups à l'ennemi ! Honneur à celui qui le premier sera frappé !

Ce seront les cavaliers du 12e chasseurs ; ce sera le maréchal des logis Pagnier.

Ce beau régiment qui jadis s'est couvert de gloire au Mexique, vient d'arriver de Paris, et il est campé à Niederbronn. A peine le général de Bernis, qui est à sa tête, a-t-il eu le temps de faire une reconnaissance dans le pays.

Nous sommes au 25 juillet 1870.

Le comte Zippelin, capitaine d'état-major wurtembergeois, a obtenu l'autorisation de pousser une pointe d'exploration en Alsace. Il a recruté pour cette première expédition trois officiers : le baron von Wechmar, lieutenant de dragons, le comte de Villiers et M. Hubert Vinsloe,, lieutenants en second. A ces officiers se sont joints huit à neuf soldats du 3e dragons badois.

La reconnaissance a pour instructions de couper les fils télégraphiques, de se renseigner sur les mouvements de notre armée et d'inspecter les lignes de Frœschviller, que l'ennemi considère comme très importantes et où il a l'intention de livrer bataille quelques jours plus tard.

Les officiers allemands, munis de bonnes cartes et bien montés, traversent la Lauter à Lauterbourg et entrent en France. Ils coupent les fils télégraphiques et traversent ensuite le village de Wœrth en poussant des cris de guerre, car ils ont aperçu nos soldats.

Un gendarme de la brigade est immédiatement dépêché à Niederbronn où il arrive dans la matinée au moment du pansage.

Alerte ! crie-t-il, l'ennemi est en Alsace.

En avant, à l'ennemi, répondent les chasseurs qui se précipitent vers leurs montures.

Bravo, més enfants, je suis content de vous, leur dit le colonel de Tucé.

C'est le 5e escadron qui quitte Niederbronn au grand trot, ayant à sa tête le général de Bernis et les officiers : MM. Company, capitaine, Chatelain, lieutenant en premier ; de Chabot, lieutenant en second ; de Nyvenheim et Moncany, sous-lieutenants. A partir de Wœrth, la petite troupe bat le terrain en tous sens pendant une heure et demie.

Enfin, dans l'après-midi, le 4e peloton, commandé par le lieutenant de Chabot, rencontre l'ennemi au hameau de Schirlenhoff où il fait halte.

La reconnaissance allemande, après avoir levé des plans, fait reposer les chevaux et se fait servir à déjeuner dans une auberge.

Nos chasseurs se lancent à fond de train de ce côté. En tête se trouve le maréchal des logis Pagnier, que son courage entraîne en avant.

C'est alors qu'un dragon badois qui est en faction devant la porte de l'auberge, en donnant l'alarme, décharge sur lui son mousqueton et l'étend à ses pieds.

Pagnier était un vieux soldat. Il avait quinze ans de services et avait été décoré de la Légion d'honneur et de la médaille militaire, après avoir fait la campagne du Mexique. Il avait droit à sa retraite, mais il avait voulu faire la campagne et courir sus aux Prussiens. On l'aimait beaucoup au régiment.

Vengeons-le, s'écrient ses camarades, et, entraînés par le lieutenant de Chabot, ils se jettent à corps perdu sur les Badois qui les reçoivent à coups de mousqueton.

Le brigadier Charpentier lutte seul pendant quelques instants avec les lieutenants de Wechmar et de Villiers.

Auprès de lui, le maréchal des logis Drivon, les cavaliers Beausoleil, Ravaud et Desmettre se font remarquer par leur entrain.

Le lieutenant de Chabot engage une lutte corps à corps avec le lieutenant Hubert Winsloe qui lui tire plusieurs coups de feu sans l'atteindre et se réfugie devant la porte de l'auberge. M. de Chabot décharge alors sur lui son révolver. Mortellement atteint au bas ventre, le lieutenant badois tombe à la renverse.

Presque tous les autres dragons sont blessés. Seul le comte Zippelin profite du tumulte pour s'enfuir, quoique blessé à la cuisse, sur un cheval français libre dans la cour.

Trois officiers et six dragons grièvement blessés sont faits prisonniers sur le lieu même du combat.

Le lieutenant Hubert Winsloe meurt le soir même. On l'avait trouvé le soir, après le combat, réfugié dans une chambre et caché sous un matelas.

Ainsi donc toute la reconnaissance badoise, sauf le comte Zippelin, était restée entre les mains de nos chasseurs, qui, indépendamment du maréchal des logis Pagnier, tué, avaient eu deux hommes et cinq chevaux blessés.

Au bruit de la fusillade les autres pelotons rallient les vainqueurs et félicitent chaudement le général de Bernis.

Le 4 août suivant, le lieutenant de Chabot recevait la Légion d'honneur, et deux chasseurs de son peloton étaient médaillés.

Tel est le récit sommaire mais exact de l'engagement de Niederbronn.

C'est la première page de l'histoire de cette guerre néfaste de 1870-71. Le *Souvenir Français* a été heureusement inspiré en la conservant à l'histoire, car cette première page est à la fois consolante et glorieuse ! Nous y trouvons des noms aimés de la population rouennaise. Aussi, je comprends la satisfaction qu'éprouvera dans quelques instants M. Niëssen, en priant, au nom de son Conseil d'administration, M. le colonel du 12ᵉ chasseurs d'accepter une reproduction du monument de Niederbronn destinée à figurer dans la salle d'honneur des officiers du régiment.

J'ajoute, pour terminer sur ce point, que j'ai résumé ce brillant épisode non seulement d'après les historiens de la guerre, notamment d'après le commandant Dupuy, l'historien du 12ᵉ chasseurs, mais que j'ai eu la bonne fortune de recueillir les notes inédites de l'un des combattants de Niederbronn, le seul survivant à Rouen (1) de ce premier engagement, j'ai nommé le lieutenant Moncany qui faisait partie du 5ᵉ escadron. Or, M. Moncany est aujourd'hui vice-consul de la Russie à Rouen : par son passé glorieux et par les fonctions qu'il tient de la grande nation amie, il nous est doublement cher. Je suis heureux de pouvoir le saluer aujourd'hui sur cette estrade où il a bien voulu prendre place.

IV

Il ne me reste plus, en terminant, qu'à faire des vœux pour que le *Souvenir Français* reçoive dans

(1) M. de Chabot est actuellement colonel du 12ᵉ cuirassiers à Lunéville.

notre cité l'accueil chaleureux que vous lui faites à l'hôtel de ville.

Cette Société vient planter sa bannière dans une ville où les œuvres patriotiques sont prospères. Elle y trouve notamment la *Ligue patriotique* qui n'a pas attendu sa fondation pour rendre aux victimes du devoir les hommages qui leur sont dus, mais il y a place pour elle parmi nous, à côté de cette grande Société locale, qui embrasse et centralise, pour ainsi dire, tout ce qui intéresse le mouvement des idées patriotiques. Le *Souvenir Français*, œuvre nationale, plus restreint dans son action, apportera ici un appoint précieux à l'œuvre commune, tout en conservant son autonomie et sa vie propre.

Qu'ils soient les bien venus parmi nous les représentants de cette pieuse Ligue nationale, précisément parce que notre terre normande a eu, elle aussi, le grand honneur de voir couler le sang français.

A Rouen, ils trouveront tenue en grand honneur la mémoire de tous ceux qui ont succombé, depuis le jour néfaste où le premier uhlan apparut sur la route de Neufchâtel, et où, quelques instants après, le maire de Rouen, M. Nétien, faisait au délégué prussien la fière réponse que l'on sait, jusqu'au jour heureux où, le dernier allemand quittant la rive droite, nos concitoyens purent revoir joyeusement flotter les trois couleurs. Ils pourront veiller avec un soin jaloux à la conservation de ce beau monument que M. Laurent, maintenant notre adjoint, remettait solennellement à la ville de Rouen, au nom de son comité, le 14 juillet 1889.

Ils trouveront partout la mémoire des victimes de la guerre pieusement honorée au Cimetière monumental, à Bosc-le-Hard, à Moulineaux, etc. Sur ce dernier théâtre des luttes héroïques, ils salueront la tombe de nos 162 mobiles de l'Ardèche, et deux autres plus modestes : celle du comte de Champigny, élevée par ses compagnons d'armes, sur la route de Grand-Couronne à Moulineaux, à l'endroit où il fut mortellement frappé ; et celle plus humble encore de ce soldat français inconnu, de cet obscur martyr lâchement assassiné par les allemands dans la forêt de la Londe, et dont le *Journal de Rouen,* ainsi que le *Patriote de Normandie* ont jadis signalé l'existence à leurs lecteurs.

— Je dis assassiné, car je trouve dans un article plus spécial, consacré par le *Petit Rouennais* (1) à ce vaillant ignoré, les renseignements suivants qu'il a recueillis dans la contrée : « Cet obscur soldat est un martyr parce qu'il n'est pas tombé comme beaucoup d'autres, mortellement atteint, face à l'ennemi, mais bien traîtreusement frappé alors qu'il était dans l'impossibilité de se défendre.

(1) Numéro du 30 janvier 1892.

» C'était un mobile de cette levée en masse, mal
vêtue, mal .équipée, mal assurée, qui, sans autres
exercices que le maniement du fusil et la charge, fit
plus d'une fois reculer l'ennemi, à Bagneux, à
Bapeaume, à Pont-Noyelles. Blessé très grièvement
dans une de ces luttes dont les environs de la Maison-
Brûlée furent le théâtre, il s'était péniblement traîné
sur la route, et là, adossé au talus, épuisé par la perte
de son sang, brûlé par la fièvre, attendait des secours.
Une reconnaissance de uhlans passa et comme le
pauvre moblot, à défaut de compatriotes, implorait la
pitié de ses adversaires; ceux-ci, à l'exemple des
Hussards-de-la-Mort chargeant les Mobiles de Passa-
vant désarmés et enchaînés, mirent fin aux souffrances
du blessé en le clouant au sol avec leurs larges lances.

» Voilà la vérité sur la fin de ce soldat, et si, comme
le dit notre confrère, le *Souvenir Français* se propose
de faire édifier prochainement un monument à
l'endroit où reposent les ossements de cette victime du
devoir, la Société peut sans crainte, sur la pierre
tumulaire, mettre au-dessus du nom : *Assassiné pendant la guerre par les uhlans Mecklembourgeois.* »

On le voit, par cette citation, le *Souvenir Français*
n'a pas attendu la constitution définitive de son comité
local pour associer son action bienfaisante à celle de
nos Sociétés.

Vous les connaissez, M. le commandant Le Blond,

nos pèlerinages patriotiques. Déjà nous vous avons vu à nos côtés déposer des couronnes à la Maison-Brûlée, à Bosc-le-Hard, au Cimetière monumental, au cimetière de Sotteville, sur la tombe des soldats coloniaux, etc. Par vos soins le monument de Bosc-le-Hard a été habilement réparé, et vous projetez, en outre, une restauration complète de notre monument du *Mobile*.

Nous vous accueillons donc bien confraternellement, et pour ce que vous avez fait dans le passé, et pour ce que vous ferez dans l'avenir.

Le *Souvenir Français* est aussi, en effet, l'œuvre de l'avenir.

D'autres tombeaux seront à élever; d'autres mémoires à honorer.

Je ne sais, s'il est permis d'espérer que plus tard le soleil bienfaisant de la paix universelle pourra se lever sur l'Europe entière, mais en attendant, l'Europe ne désarme pas et ne peut pas désarmer. Elle s'épuise, au contraire, dans une fièvre d'armement qui enlève chaque année, dit-on, cinq millions d'hommes à la production active et cinq milliards à l'épargne. Jamais le vieux proverbe latin : *Si vis pacem, para bellum*, n'a été plus énergiquement mis en pratique. La France et l'Allemagne rivalisent d'ardeur chaque jour et il semble, en vérité, qu'on soit à la veille de quelque lutte gigantesque ou de quelque partie suprême qui décidera de l'écrasement ou du triomphe de l'une des deux nations.

C'est à ces graves préoccupations dont il convient de parler gravement, sans témérité, mais qui sont un devoir civique, que nous devons l'éclosion de ces œuvres admirables de secours aux blessés qu'on appelle : la *Croix-Rouge* et l'*Union des femmes de France*, dont les délégués sont à nos côtés ; œuvres patriotiques par excellence, qui travaillent modestement, sans bruit, et qui, demain peut-être, comme le disait récemment M. Jules Simon, auront tout à coup cent mille blessés à soigner !

Comme ces œuvres, le *Souvenir Français*, se préoccupe de l'avenir de la patrie et travaille à élever les cœurs à la hauteur des événements futurs.

De même que nos modestes instituteurs montrent souvent à leurs élèves sur la carte de France, la place qu'un éditeur intelligent a revêtu d'une teinte de deuil, et où figurent l'Alsace et la Lorraine, afin qu'ils n'oublient pas ; de même, cette Société montre partout à ces mêmes enfants les tombes de ceux qui sont morts en défendant nos chères provinces.

Aussi, comme nous, Mesdames et Messieurs, vous ferez grand accueil au *Souvenir Français* et vous lui apporterez la cotisation vraiment démocratique qu'il sollicite de vous. Vous l'accueillerez par ce qu'il est l'expression la plus élevée, la plus sublime de cette grande vertu civique si nécessaire en notre fin de siècle : *le patriotisme.*

C'est le patriotisme qui fait les bons citoyens. Ceux qui aiment leur patrie, la terre de leurs pères, — *terra patrum,* .— aiment aussi leurs concitoyens. Ils respectent les lois; ils ont le cœur ouvert à toutes les bonnes inspirations, aux grandes idées d'humanité et de progrès social. Au premier signal, on les verrait se grouper en masse autour du gouvernement national, comme nos régiments serreraient leurs rangs autour du drapeau.

Le patriotisme, en effet, n'a que faire des vieilles querelles des religions ou des anciens partis, ni des rêveries coupables de ceux qui s'imaginent qu'on peut venir dire à nos ouvriers français qu'il ne doit plus exister de patrie française.

Il en a toujours été ainsi dans notre histoire nationale.

C'est ce patriotisme qui inspirait Jeanne d'Arc, la grande libératrice du territoire, qui, elle aussi, appartient à notre histoire locale.

Les procès-verbaux de son odieux procès criminel, que je relisais récemment avec émotion, nous révèlent les embûches que des juges hypocrites tendaient à la foi naïve de la grande patriote, pour asseoir je ne sais quelle stupide accusation d'hérésie : « Jeanne, lui disaient-ils, vous aimez Dieu, mais vous pensez donc que Dieu hait les anglais puisque vous leur faites une guerre acharnée ? » A quoi la sainte martyre répondait avec une simplicité sublime : « De l'amour ou haine que Dieu a pour les Anglais, je n'en sais rien, mais ce que je sais bien, c'est qu'avant peu ils seront tous mis hors de France! » Et comme ses bourreaux ajoutaient qu'on la garderait avec de bonnes chaînes, elle répondait fièrement : « Vous pourrez m'enchaîner mais vous n'enchaînerez pas la fortune de la France! »

Ah ! il me semble que si la noble héroïne pouvait revenir parmi nous, si elle pouvait savoir quels ont été nos désastres il y a vingt-deux ans; ce qu'est devenue notre chère Alsace; ce qu'est devenue sa chère Lorraine, elle s'écrierait, en s'adressant aux apôtres de l'internationalisme moderne : « de vos théories impies et de leur avenir je ne veux rien savoir; mais ce que je sais, ce que je veux espérer, c'est qu'un jour les Allemands seront tous mis hors l'Alsace et la Lorraine. »

Cette foi profonde dans l'avenir, cette ferme espérance, c'est tout le programme du Souvenir Français.

Vous l'accueillerez donc comme une des Sociétés qui sont, au premier chef, la sauve-garde des libertés, de l'unité, de l'intégrité de notre chère Patrie.

Après cette conférence, qui a été fréquemment inter-
rompue par les applaudissements de l'auditoire, la
musique du 39ᵉ de ligne a exécuté l'hymne russe qu'elle
a dû bisser, pendant que deux gracieuses quêteuses,
Mˡˡᵉˢ Marie Duval et Marthe Maris, faisaient sur
l'estrade et dans la salle une abondante collecte.

M. Niessen, secrétaire général du *Souvenir Fran-
cais*, a pris à son tour la parole et dans une allocution
toute vibrante de patriotisme, laissant parler son cœur
d'alsacien-lorrain, il a fait l'éloge de cette œuvre à
laquelle il s'est dévoué tout entier. C'est au milieu des
bravos répétés qu'il a remis à M. le colonel Ramotowsky un cadre gracieusement entouré de fleurs et
renfermant une reproduction du monument élevé en
l'honneur du maréchal des logis Pagnier.

En quelques mots émus, M. le colonel du 12ᵉ chasseurs a remercié M. Niessen et a déclaré que le souvenir
de Pagnier est pieusement conservé par le régiment.
« Nos jeunes sous-officiers sauront, dit-il, suivre son
exemple, et lorsque le jour de la revanche sera venu,
nous seront sûrs de les voir faire tout leur devoir.
Comme en 1870, nous ne demandons qu'à être à
l'avant-garde, et nous vous donnons rendez-vous,
Monsieur le Délégué du *Souvenir Français*, devant le
monument du brave maréchal des logis Pagnier »

M. Lebon, député, prend le dernier la parole et dit
combien il est agréable à l'ancien maire de Rouen de

se trouver au milieu des Sociétés locales et de présider une réunion où toutes les passions se dissipent et où tous les assistants sont unis dans un même sentiment patriotique. C'est en entendant le langage que viennent de tenir MM. Sarrazin, Niessen et M. le colonel Ramotowsky, que l'on sent qu'il y a en France une force qui nous permet d'avoir confiance en sa destinée.

La séance est levée à quatre heures.

www.ingramcontent.com/pod-product-compliance
Lightning Source LLC
Chambersburg PA
CBHW060811280326
41934CB00010B/2644